Superare il crepacuore e la separazione

Il libro di auto-aiuto

Come trovare la sua via d'uscita dal dolore della separazione e verso l'amore di sé e la cura di sé

Anna-Maria Perlich

CONTENUTI

Cosa può aspettarsi da questo libro

Tristezza, solitudine, notti insonni e la domanda probabilmente onnipresente del "perché" - non è un segreto: il cuore spezzato fa male. Sta attraversando una fase simile della sua vita e ha la sensazione di non riuscire più a vedere una vera via d'uscita? Allora ha già fatto il primo passo nella giusta direzione acquistando questa guida. E posso garantirle una cosa in anticipo: Non è solo, anche se è sopraffatto da sentimenti di grave impotenza e solitudine.

Con questa guida, potrà fare chiarezza nel suo mondo emotivo, poiché non solo le verranno forniti consigli pratici per superare il dolore, ma le verrà data anche una comprensione del mal d'amore nella sua interezza, compresi gli approcci teorici. In primo luogo, ci occuperemo proprio di questo, presentandole statistiche e vari fatti teorici come base per la comprensione del mal d'amore. Inoltre, anche le spiegazioni psicologiche svolgeranno un ruolo, informandola non solo sugli effetti del dolore emotivo sul corpo, ma anche sulla psiche. Le cose si fanno un po' più specifiche quando si tratta della percezione del mal di cuore dipendente dalla personalità e basata sui diversi tipi di attaccamento, per cui si evidenziano anche le differenze nell'affrontare il dolore.

Naturalmente, dopo una descrizione teorica così approfondita, che non deve essere trascurata perché contribuisce in modo determinante alla comprensione del suo stato emotivo, deve anche ricevere consigli pratici su come compiere passi concreti verso la guarigione. Nel corso di ciò, imparerà anche come minimizzare o addirittura prevenire gli effetti collaterali fisici e che cosa può trarre in definitiva da questa fase della sua vita.

Comprensione teorica del mal d'amore

Probabilmente le interessano soprattutto i consigli pratici di questa guida, ma prima di tutto non si lasci fermare dallo scorrere direttamente verso di essi. Una comprensione di base di ciò che accade nel nostro corpo e nella nostra mente quando viviamo un'esperienza di crepacuore è un prerequisito per applicare questi consigli molto ricercati, in quanto le consentirà di adottare un approccio più riflessivo all'intera faccenda.

PERCHÉ ABBIAMO IL DOLORE?

La ragione del dolore da rottura è principalmente evolutiva. Il dolore da rottura impediva ai nostri antenati di separarsi costantemente dal partner. Questo era necessario per garantire il mantenimento della famiglia e la riproduzione. In questo modo, la loro coesione veniva rafforzata da un legame emotivo, che aveva anche un effetto positivo sulla prole.

RICERCA E STATISTICHE

Prima di tutto, vorrei chiarirle che non è affatto sola con le sue preoccupazioni e che esistono risultati fondati della ricerca.

Secondo un sondaggio online sul tema "Quando è stata l'ultima volta che ha avuto il cuore spezzato?" del 2018, in cui sono stati intervistati 4452 single in Germania di età compresa tra i 18 e i 69 anni, si può notare che il 13% stava soffrendo di cuore spezzato al momento del sondaggio e un altro 19% lo aveva sperimentato negli ultimi sei mesi. Ciò significa che 5,3 milioni di persone in Germania hanno condiviso il loro dolore in questo periodo - e probabilmente si sono sentite sole come lei in quel momento. Solo il 4% degli intervistati ha dichiarato di non aver mai sofferto di mal d'amore.[1]

Oppure pensi all'industria della musica, dell'arte o della letteratura: quante opere mancherebbero al mondo se i suoi artisti non avessero sperimentato il crepacuore?

QUINDI, COS'È IL MAL D'AMORE E COSA CI FA?

Innanzitutto, ci sono diversi modi di definire il mal d'amore. Questo viene spesso fatto in base alle diverse cause: da un lato, può significare che si basa su un amore unilaterale. D'altra parte, le persone possono anche soffrire di mal d'amore durante la loro relazione, perché la considerano a rischio. In questa guida, tuttavia, ci concentriamo sul crepacuore che si basa su una rottura.

Per quanto siano numerose le ragioni della separazione da una persona cara, il dolore è simile

---

[1] https://de.statista.com/statistik/daten/studie/927125/umfrage/umfrage-unter-singles-zum-letzten-liebeskummer/

per la maggior parte delle persone. La situazione sottopone il corpo a un enorme stress e, per far fronte a questa situazione, ha bisogno di molta energia, che può ottenere a lungo termine solo attraverso il cortisolo, in quanto l'ormone adrenalina può fornirgli questa energia solo per un breve periodo. Il cortisolo è noto come ormone dello stress, che viene rilasciato non solo quando lo sforzo fisico è eccessivo, ma anche quando siamo sottoposti a grandi tensioni psicologiche. Se si soffre di cuore, di solito il corpo non è in grado di ridurre il cortisolo in modo tempestivo, il che fa sentire deboli e svuotati di energia.

Una rottura è accompagnata da una riduzione del rilascio dell'ormone della felicità, la dopamina. Poiché il corpo rilascia più dopamina e serotonina quando si è innamorati, ossia quando si è su un livello emotivo elevato, si cade ancora più in basso quando questo rilascio si riduce notevolmente. Forse avrà sentito anche l'espressione "l'amore è una droga" - ed è proprio a causa del basso rilascio di dopamina dopo questo "high" emotivo che le persone soffrono di veri e propri sintomi di astinenza, come nel caso dell'astinenza da droga, ad esempio. Gli esperti di dipendenze hanno persino dimostrato che l'amore e la tossicodipendenza hanno luogo nelle stesse aree del cervello.

Effetti fisici

"Essere malati d'amore" e "sentire il mal di cuore": queste descrizioni romantiche sembrano una banalizzazione dei problemi adolescenziali, ma il fatto che il corpo e la psiche sono strettamente collegati e gli effetti che uno stress interiore prolungato può avere sul nostro corpo si possono vedere non da ultimo nelle conseguenze di una rottura, che non devono assolutamente essere minimizzate. I sintomi che notiamo fisicamente quando abbiamo il cuore spezzato sono chiamati disturbi psicosomatici, che descrivono proprio questi disturbi fisici causati da fattori psicologici.

<u>Disturbi psicosomatici frequenti:</u>
Mal di testa, dolori addominali, insonnia, problemi circolatori, problemi di concentrazione, perdita di appetito o aumento dell'appetito e perdita/aumento di peso associato, problemi alla pelle, indebolimento del sistema immunitario.

A prima vista può sembrare strano che il cuore spezzato possa portare a problemi della pelle, ma forse ha sentito il detto "La pelle è lo specchio della nostra anima" - ecco perché non è raro che gli inestetismi indesiderati diventino evidenti in situazioni di stress.

D'altra parte, ciò che probabilmente è familiare alla maggior parte delle persone che soffrono è il cambiamento del nostro appetito, per cui ci sono due parti diverse: Ci sono quelli che sono sopraffatti dal dolore, che non riescono a mandare giù nulla per giorni e giorni senza sentirsi male, e poi l'esatto opposto, quelli che cercano di riempire il loro vuoto interiore e si rimpinzano di cibo. Questo spiega anche perché molte persone notano un cambiamento di peso dopo una rottura. Dopo tutto, la via del cuore passa per lo stomaco - sì, anche qui c'è un altro detto intelligente.

Forse anche lei si sente allo stesso modo in questo momento e, nonostante sia esausta e fisicamente e mentalmente esausta, riesce a malapena a dormire la notte - l'aumento del livello di cortisolo rende difficile il riposo dell'organismo.

Il livello elevato di cortisolo spiega anche perché le cellule di difesa più importanti non funzionano più bene e il nostro sistema immunitario si indebolisce di conseguenza. Come se non bastasse, la maggiore suscettibilità ai virus e ai batteri fa sì che alcune persone debbano trascorrere il periodo successivo alla separazione a letto a causa della malattia.

<u>Sintomi fisici più gravi:</u>
Il mal di cuore letterale può manifestarsi nella cosiddetta "sindrome del cuore spezzato", che si verifica piuttosto raramente, ma che evidenzia molto bene la serietà del problema del cuore spezzato: I sintomi assomigliano a quelli di un attacco di cuore, con dolore al petto, crampi al cuore e mancanza di respiro, ma sono meno pericolosi. La sindrome del cuore spezzato è causata da un restringimento delle arterie coronarie, che danneggia il muscolo cardiaco e mette a rischio la capacità di pompaggio del cuore.

Anche in questo caso, lo stress è il fattore scatenante. Nel peggiore dei casi, questa malattia del muscolo cardiaco può portare all'aritmia cardiaca o addirittura alla morte cardiaca improvvisa - il che spiega anche perché le persone anziane, in particolare, spesso muoiono dopo la morte del partner o di altri cari. Il tasso di mortalità di tutti i casi registrati nel 2005 era di poco superiore al 3%. Nella maggior parte dei casi, tuttavia, la funzione cardiaca si normalizza di nuovo dopo poche settimane. Ma per il momento si lasci rassicurare: La probabilità che questa malattia la colpisca è molto bassa a causa della sua rarità. Tuttavia, poiché non deve essere sottovalutata, ho voluto comunque menzionarla qui e, se dovesse avvertire dei sintomi, contatti un medico il prima possibile.

Effetti mentali

Tuttavia, poiché non si può semplicemente applicare un cerotto su una ferita fisica per guarire il mal d'amore, questo viene considerato come un "dolore sociale", che non si manifesta solo a livello fisico, ma anche emotivo. È importante ricordare che di solito non si tratta solo di una tristezza temporanea e che l'argomento dovrebbe essere oggetto di maggiore attenzione - come già detto, non si tratta solo di problemi adolescenziali che si verificano nel cortile della scuola, ma getta fuori strada anche molti adulti, spesso a tal punto da non essere più in grado di agire razionalmente.

Il cuore spezzato ha spesso un effetto negativo sulla sua concentrazione. Può notare che il suo rendimento al lavoro, all'università o anche a scuola cala in modo significativo, ma anche la sua concentrazione sulle cose che un tempo le piacevano diminuisce e difficilmente trova la motivazione per dedicarsi ai suoi hobby, e spesso la sua capacità di concentrazione non è sufficiente nemmeno per un episodio della sua serie preferita? Sì, anche questo è uno spiacevole effetto collaterale del mal d'amore.

Non è raro che le persone che non erano in armonia con la fine di una relazione sviluppino sintomi depressivi come svogliatezza, ritiro dagli altri, perdita di interesse per cose un tempo importanti o mancanza di prospettiva. Tuttavia, questi sintomi di solito si attenuano di nuovo in un periodo di circa due settimane. Nonostante i sintomi simili, all'inizio non si può parlare di depressione, una malattia mentale. Tuttavia, se i livelli di stress non diminuiscono in un certo periodo di tempo, le seguenti domande possono fornirle un'indicazione sulla possibilità di sviluppare una depressione dopo la separazione:

➤ Sta cercando di distrarsi con i suoi vecchi hobby o con i suoi amici, ma non è ancora divertente come prima?

➤ Si sente sempre svogliato ed esausto, e non solo quando i suoi pensieri ruotano intorno alla sua relazione passata?

➤ È tormentato da forti sensi di colpa e di conseguenza si sente sempre più inutile?

➤ In relazione a questo, ha una visione negativa del futuro e ha la sensazione che tutto sia senza speranza?

➤ Questi sentimenti di disperazione, mancanza di motivazione e di slancio persistono in misura notevole per un periodo superiore alle due settimane?

Questi sintomi depressivi e il livello generalmente elevato di stress a cui l'organismo è esposto possono anche portare a stati estremi di ansia e ad attacchi di panico, caratterizzati da sintomi fisici come battito cardiaco accelerato o respiro corto e persino iperventilazione. Gli attacchi di panico sono una reazione di allarme del corpo alle paure esterne in situazioni minacciose. Come può vedere, non è facile tracciare una linea netta tra effetti fisici e mentali.

Diventa particolarmente pericoloso quando questi stati d'animo depressivi sfociano in pensieri suicidi o quando le persone colpite iniziano ad autolesionarsi. Con questo argomento così delicato, tuttavia, è importante non limitarsi a gettarlo in pasto all'opinione pubblica senza commentare. Gli psicologi ritengono che anche altri fattori e la struttura della personalità giochino un ruolo nei pensieri suicidi. Il dolore può essere il motivo per cui sorgono questi pensieri, ma ciò non significa che sia l'unica ragione. Occorre cercare immediatamente un aiuto professionale.

Inoltre, il mal d'amore è considerato un disturbo dell'adattamento da una prospettiva psicologica, in quanto un'intera struttura di vita crolla e le persone colpite sono costrette ad adattarsi alla nuova situazione. Secondo la "teoria dell'attaccamento" dello psicologo infantile britannico John Bowlby, la reazione di una persona a tale perdita dipende dal suo stile di attaccamento personale. Questo stile di attaccamento, chiamato nel concetto di Bowlby *"tipo di attaccamento", si* sviluppa nel corso della vita e dipende dalle esperienze che abbiamo avuto con le relazioni interpersonali fin dal momento della nascita.

I tipi di attaccamento di Bowlby, che vengono spiegati di seguito, si basano su un esperimento in cui la figura di attaccamento del bambino, in questo caso la madre, lasciava la stanza e quindi inscenava una separazione. Di conseguenza, è stato analizzato il comportamento dei bambini e sono emersi quattro tipi di attaccamento:

1) Rilegatura sicura

➤ Esprimono i loro sentimenti e li affrontano apertamente. Secondo l'esperimento, i bambini di questo tipo hanno reagito con forti pianti e urla, ma quando finalmente hanno riabbracciato la madre, si sono rapidamente calmati.

2) Attaccamento insicuro-evitante

➤ Una persona con questo tipo di attaccamento non mostra apertamente i propri sentimenti dopo una separazione e può apparire sicura di sé e indipendente a prima vista. Questo tipo di attaccamento si basa molto probabilmente sul fatto che nell'infanzia i genitori non hanno risposto sufficientemente alle loro esigenze, il che ha portato a un'immagine negativa di sé. I bambini hanno reagito alla separazione dalla madre con disinteresse, hanno mostrato un comportamento di evitamento del contatto, si sono distratti con i giocattoli e hanno così compensato lo stress interiore.

3) Attaccamento insicuro-ambivalente

➤ Come suggerisce il nome, una persona di questo tipo reagisce in modo ambivalente alla separazione. Da un lato, prova rabbia nei confronti della persona che l'ha lasciata, ma allo stesso tempo desidera starle vicino. Nell'esperimento, i bambini hanno avuto difficoltà a calmarsi anche dopo il ritorno della figura di attaccamento.

4) Legame disorganizzato

➤ In questo caso non è possibile identificare una strategia comportamentale precisa. Le persone sono completamente sopraffatte dalla situazione, i sentimenti coinvolgenti sono paura, senso di impotenza, impotenza e perdita di controllo. Sulla base di ciò, si presume che i bambini non siano in grado di elaborare correttamente gli eventi nei primi mesi di vita e possano soffrire di un trauma. Secondo l'esperimento, i bambini hanno reagito in modo diverso alla separazione; alcuni con totale assenza di emozioni, altri con comportamenti bizzarri come girare in tondo o congelamento totale.

Questi tipi di attaccamento possono ora essere utilizzati per spiegare con quale forza ed emozione una persona reagisce alla separazione da una persona con cui è stato stabilito un forte legame, e come queste emozioni vengono esternate. Il desiderio di attaccamento respinto rafforza il comportamento di ricerca di attaccamento, che purtroppo intensifica la sensazione di solitudine dopo una separazione.

Questo stress psicologico causato dalla reazione a una separazione può essere collegato al concetto di bisogni primari che non vengono soddisfatti durante questa fase di lutto.

I quattro bisogni psicologici fondamentali
➤ Rilegatura
➤ Autostima
➤ Controllo e autodeterminazione
➤ Desiderio / Dispiacere

Il bisogno di attaccamento riguarda il desiderio di unione e di amore per il partner, l'amico, la famiglia, ma anche per se stessi - questo bisogno è sempre stato parte della natura umana.

L'autostima si riferisce al miglioramento e alla protezione dell'autostima, che può essere collegata al desiderio di essere rispettati e valorizzati in due modi: In primo luogo, abbiamo bisogno di essere apprezzati per le nostre azioni, ad esempio per il lavoro che abbiamo svolto, e in secondo luogo, a livello emotivo, desideriamo essere apprezzati per ciò che siamo, indipendentemente dai nostri risultati.

L'aspetto del "controllo e dell'autodeterminazione" comprende anche due livelli diversi: da un lato, si tratta della necessità di orientamento e controllo interno, in relazione al proprio corpo e alla propria psiche. Questo include la comprensione dei nostri sentimenti e il grado di autodeterminazione; dall'altro lato, riguarda anche l'orientamento esterno, la comprensione del sistema in cui operiamo e il grado di libertà individuale che ci offre.

Piacere/dispiacere significa che cerchiamo eventi piacevoli, gradevoli e divertenti ed evitiamo intuitivamente le esperienze dolorose. Questo si spiega facilmente con la domanda "Ti senti di...?", perché di solito sappiamo già intuitivamente e spontaneamente cosa è meglio per noi in quel momento rispetto alla domanda posta.

Se ora sta soffrendo di cuore, nessuno di questi bisogni fondamentali può essere soddisfatto. La perdita del partner, e forse anche di una cerchia di amici e di una seconda famiglia, significa che è stato violato in particolare il bisogno di attaccamento. C'è anche un'alta probabilità che l'autostima sia gravemente indebolita a causa di possibili sensi di colpa e dubbi su se stessi. Anche i sentimenti di perdita di controllo e di disorientamento non sono rari in questa fase, e un'esperienza dolorosa non può essere evitata.

DIFFERENZE SPECIFICHE DI GENERE

Il mal d'amore può diventare pericoloso se i livelli di cortisolo sono in eccesso per diverse settimane o mesi. Di conseguenza, le persone colpite possono non solo soffrire di una mancanza di energia, ma anche tendere a un comportamento più aggressivo. Gli uomini, in particolare, sono colpiti da quest'ultimo più spesso delle donne, e non va ignorato il fatto che questo comportamento può spesso diventare ossessivo e minacciare di trasformarsi in stalking. Al giorno d'oggi, tutto ciò è stato reso più facile da Internet e dai social media.

Inoltre, gli uomini tendono ad affogare i loro dispiaceri nell'alcol e a distrarsi a breve termine con feste, lavoro, sport o anche direttamente con una nuova conoscenza. Tuttavia, questa distrazione a breve termine fa sì che le donne soffrano di più per la fine di una relazione, mentre gli uomini soffrono più a lungo a causa di un'elaborazione trascurata. Questo è stato persino confermato scientificamente dalla Binghamton University in uno studio intitolato "Differenze quantitative di genere nella reazione a una relazione sentimentale fallita".

Ai 5.705 partecipanti allo studio, provenienti da 96 Paesi diversi, è stato chiesto di indicare il loro dolore fisico ed emotivo dopo una separazione su una scala da 1 (nessun dolore) a 10 (insopportabile). È emerso che, sebbene le donne soffrano in media di più a livello emotivo (6,84 punti) e fisico (4,21 punti) rispetto agli uomini (6,58; 3,75 punti), si riprendono anche più velocemente e meglio dal dolore. In media, escono dalla fase di separazione più forti degli uomini, che, secondo lo studio, non si riprendono affatto, ma continuano semplicemente a reprimere e compensare.

Alla domanda sullo stato d'animo generale, le donne hanno risposto con ansia, preoccupazione e sintomi depressivi, mentre gli uomini erano più propensi a sentirsi arrabbiati e smarriti.[2]

Esistono ormai differenze ben fondate tra i sessi nell'affrontare il crepacuore: le donne diventano più tranquille e cercano di analizzare il fallimento di una relazione, mentre gli uomini tendono a diventare più rumorosi e a comportarsi come se non gli importasse. Purtroppo, le strutture ancora radicate nella società, che classificano gli uomini come il "sesso forte" che dovrebbe mostrare meno emozioni possibili, in contrasto con la "donna emotiva", giocano chiaramente un ruolo qui. Tuttavia, torneremo sul fatto che questo non ha alcun senso, in quanto reprimere i sentimenti può anche essere molto pericoloso a lungo termine, nella sezione pratica di questo libro. Tuttavia, vorrei sottolineare qui che il mal d'amore ha anche a che fare con il femminismo e che

---

[2] https://www.sciencedaily.com/relea-
ses/2015/08/150806151406.htm

dobbiamo urgentemente smettere di considerare i sentimenti come una caratteristica puramente femminile, privando così gli uomini del coraggio di parlare apertamente dei loro sentimenti.

Tuttavia, le differenze possono essere spiegate anche dall'evoluzione: Per gli uomini, quindi, è più facile andare avanti rapidamente, perché non devono affrontare una gravidanza. Al contrario, lo stesso studio ha rilevato che le rotture sono più frequentemente iniziate dalle donne. Anche questo è legato all'evoluzione, in quanto in tempi passati era più difficile per le donne crescere un figlio da sole, motivo per cui erano e sono tuttora molto selettive quando si tratta di scegliere un partner.

Tuttavia, ci sono anche differenze negli effetti fisici. Per esempio, le donne sono più frequentemente colpite dalla sindrome del cuore spezzato dopo la menopausa rispetto agli uomini, il che è dovuto al calo dei livelli di estrogeni, che a sua volta favorisce fortemente il rilascio di ormoni dello stress.

FASI DEL MAL D'AMORE

Naturalmente, non tutte le rotture di cuore sono uguali, ma variano da persona a persona, ma i risultati della ricerca mostrano che si può riconoscere una direzione approssimativa per il processo. Questo viene spesso suddiviso in fasi, ad esempio dalla psicologa e psicoterapeuta austriaca Gerti Senger, che ha studiato come le persone si adattano alle nuove circostanze di vita dopo una rottura. Sulla base dei risultati della sua ricerca, ha classificato il crepacuore in cinque fasi:

Fase 1: shock e protesta

➢ Il periodo immediatamente successivo alla rottura è caratterizzato da una mancanza di comprensione, trova difficile capire che cosa stia realmente accadendo e non vuole nemmeno ammetterlo. Sente che c'è qualcosa di sbagliato e immagina che la rottura sia stata del tutto imprevedibile, anche se nelle ultime settimane o mesi c'erano già stati segnali che la relazione non andava più bene.

Fase 2: Paralisi

➢ Lentamente si rende conto che la relazione è finita per sempre, il che porta a uno stato di paralisi.

Si sente impotente, non sa come gestire la situazione e il controllo le sfugge di mano, tutto sembra in qualche modo meccanico e telecomandato.

Fase 3: Battaglia

➢ Questa fase è caratterizzata da sforzi patologici per riconquistare l'ex partner. Per la maggior parte, lei si illude permettendo al suo ex partner di scendere a compromessi che in realtà non riesce a riconciliare con se stesso. Promette di ravvedersi e propone una separazione di prova per guadagnare tempo e spazio. Tutto viene fatto per ottenere un'ultima possibilità e forse salvare la relazione, senza alcuna possibilità di successo.

Fase 4: ammissione

➢ Questa fase è probabilmente una delle più difficili: tutte le sue ultime speranze e i suoi sforzi sono stati inutili e deve ammettere a se stesso che alla fine hanno fallito. Questo porta con sé tristezza e rabbia, e gli effetti fisici e mentali che ho già descritto sopra prendono piede. La vita quotidiana diventa una sfida e richiede un adattamento.

<u>Fase 5: Lasciare andare</u>

➤ In questa fase la tristezza è lungi dall'essere superata, ma la nuova situazione di vita viene accettata, anche senza il vecchio partner. Si cerca una nuova posizione nell'ambiente di vita, dove i ricordi dell'ex la mandano ancora fuori strada, ad esempio quando visita i luoghi associati a questa persona perduta.

Tuttavia, come già detto, queste fasi sono un costrutto e dipendono dall'individuo, e anche i fattori relativi alla relazione giocano un ruolo - come la durata e l'intensità.

DURATA DEL MAL D'AMORE

Inoltre, non è possibile fornire informazioni precise sulla durata del dolore della separazione, anche se esistono studi su questo tema che presentano i risultati delle loro ricerche e possono fornire alcune indicazioni.

Ad esempio, nell'ottobre/novembre 2020, la piattaforma di incontri Elitepartner ha lanciato un sondaggio online che ha rivelato che la durata media del dolore da rottura dei 7.259 intervistati era di 12,4 mesi. Per le donne, la durata media è stata di 12,8 mesi, mentre gli uomini hanno riferito di aver sofferto per una media di 11,9 mesi, quindi non ci sono grandi differenze. È emerso anche che coloro che si sono lasciati hanno sofferto più a lungo e di più per la rottura, ossia una media di 14,1 mesi.

Tuttavia, non deve lasciarsi scoraggiare da queste cifre per il momento: come ho detto, ognuno ha bisogno di un tempo diverso per superare il dolore. Ad esempio, una persona può sentirsi meglio dopo poche settimane, un'altra solo dopo molti mesi. L'importante è prendersi cura di se stessi e non rimanere bloccati nel proprio lutto - può scoprire come farlo al meglio nel capitolo seguente.

Consigli pratici

Ora che abbiamo trattato in dettaglio la comprensione teorica del crepacuore, vorrei darle alcuni consigli specifici per aiutarla nel processo di guarigione emotiva. Inizierò ad esaminare le fasi del crepacuore e le darò consigli specifici su come superare il dolore, per questo le consiglio di non saltare la parte teorica. Inoltre, lei ha già sperimentato gli spiacevoli effetti collaterali fisici e mentali del crepacuore, per cui, oltre ai consigli concreti generali, vorrei darle alcuni suggerimenti su come alleviarli.

SUPERARE IL DOLORE DELLA SEPARAZIONE

1) <u>Consentire il dolore</u>

Dopo una rottura, sentiamo spesso la frase: "Devi lasciar perdere". Tuttavia, oggi sappiamo che il lasciarsi andare arriva solo in un secondo momento. Non si lasci influenzare negativamente e non si senta in colpa per questi consigli. Non sono assolutamente intesi in modo negativo; è possibile che le persone intorno a lei non sappiano davvero come reagire alla nuova situazione e vogliano solo darle il miglior consiglio. Tuttavia, se cerca di lasciarsi andare troppo presto, questo può portarla a reprimere involontariamente il dolore. Lascia andare il dolore senza averlo elaborato. Se all'improvviso salta fuori qualcosa che le ricorda il suo ex partner, il dolore emerge con tutta la sua forza e la coglie all'improvviso. Per evitare che questo accada, va benissimo ritirarsi per qualche giorno e abbandonarsi completamente al dolore. Pianga quanto vuole e si sfoghi per una volta.

La musica può aiutarla a lasciar andare il dolore tanto quanto scrivere sul suo diario. Ma durante questa fase, faccia prima ciò che sente giusto per lei, anche se si tratta di una maratona della sua serie preferita. È molto importante: non si senta inutile o non serve a nulla, perché la sua produttività potrebbe risentirne in questo periodo. Un altro consiglio a questo punto è quello di spegnere semplicemente il cellulare o di cancellare i social media per alcuni giorni, in modo da non lasciarsi influenzare dalla mania della produttività.

2) <u>Discorsi</u>

Rivolga il suo cuore a una persona a lei vicina, che sicuramente la ascolterà con attenzione e cercherà di capirla. Quando esprime i suoi pensieri, dà loro espressione, forse questo le darà una prospettiva completamente nuova sulla situazione; nella migliore delle ipotesi, esprimere i suoi pensieri aiuterà ad avviare dei modi per elaborarli. Le farà bene anche non essere sempre sola con i suoi pensieri, ma avere qualcuno che la conforti e le parli, anche se all'inizio potrebbe essere difficile per lei aprirsi. C'è anche la possibilità che l'altra persona le apra una nuova prospettiva, in quanto ha una visione diversa della situazione in quanto estranea e non coinvolta emotivamente.

È stato persino dimostrato scientificamente che parlare aiuta: Nell'ambito di uno studio della Northwestern University di Evanston, ai partecipanti è stato chiesto di parlare della loro storia di rottura. I partecipanti che ne hanno parlato quattro volte nell'arco di nove settimane si sono sentiti meglio rispetto a quelli a cui è stato chiesto di compilare un questionario sulla loro rottura solo due volte.[3]

Un altro risultato interessante dello studio è che non è nemmeno necessario che sia un'altra persona a cui confidare i propri pensieri, si può anche semplicemente parlare con se stessi, poiché si tratta molto più del processo di riflessione e di parlare ad alta voce. Tuttavia, si perde l'opportunità di un punto di vista riflesso da parte di un estraneo.

Se non si sente a suo agio all'idea di dare a una persona a lei cara una visione profonda del suo mondo emotivo, può anche contattare uno psicologo o un terapeuta professionista. Tuttavia, poiché i tempi di attesa per questi possono essere

---

[3] https://journals.sage-
pub.com/doi/10.1177/1948550614563085

molto lunghi, può utilizzare in alternativa le linee telefoniche dirette su Internet, dove ha anche la possibilità di rimanere anonimo.

Chi posso contattare?
- www.telefonseelsorge.de
- www.nummergegenkummer.de

3) <u>Riflettere</u>

Ora che può avere una nuova prospettiva sull'intera situazione, sarà più facile per lei riflettere correttamente. Anche se non è ancora così, questo passo è importante per il futuro: scriva un elenco di tutti i ricordi positivi del suo ex partner e poi un elenco di tutte le cose negative che associa a lui o lei.

Può anche farlo sotto forma di un elenco di pro/contro, ad esempio, la disposizione dipende da lei. Rievocare i ricordi positivi è importante per il processo di elaborazione e vedere i ricordi negativi in bianco e nero aiuta a sdrammatizzare la situazione e ad avere una visione più chiara e riflessiva. Realizzare: ci sarebbe stato davvero un futuro realistico per questa relazione?

Può anche fare un elenco dei prossimi vantaggi dell'essere single e degli aspetti positivi della separazione. Ad esempio, ora ha più tempo per gli amici e la famiglia e, soprattutto, per se stesso. Se nelle settimane precedenti la rottura era già sottoposto a un forte stress emotivo, questo sarà finalmente un ricordo del passato.

4) <u>Pulire</u>

In questa fase, raccolga tutti gli oggetti che le ricordano il suo ex partner e li metta in una scatola. È importante che conservi la scatola in un luogo che non attiri spesso la sua attenzione, ad esempio in un angolo posteriore di un armadio. Se le risulta difficile, può anche chiedere a una persona a lei vicina di conservare la scatola per lei. Le consiglio di conservare la scatola, perché le darà un ricordo del tempo trascorso con la persona e probabilmente le sarà grato in futuro, quando avrà superato il dolore.

Mettere insieme una scatola di questo tipo ha anche l'effetto di un "riordino interiore", perché se gli oggetti non sono più nelle sue immediate vicinanze, non è costretto a ricordarsi costantemente del passato.

È generalmente dimostrato che l'ambiente esterno ha un'influenza sul nostro stato d'animo interiore. Quando avrà superato la fase peggiore del lutto e avrà la forza di rialzarsi, le consiglio di dare un'accurata ripulita all'ambiente circostante, se è stato trascurato di recente. Questo non solo la distrarrà, ma si renderà anche conto dell'influenza positiva che avrà sulla sua psiche.

Ma è bene fare ordine anche su un altro piano: i suoi account sui social media. Rifletta: se ritiene che non le faccia bene poter guardare continuamente il profilo del suo ex partner, non esiti a rimuoverlo. Soprattutto se tende a visitarlo sempre per vedere cosa fa. Lo stesso vale per gli amici del suo ex partner, se le ricordano lui o lei. Tuttavia, potrebbe anche essere utile prendere una pausa generale dai social media durante questa fase, in modo da poter semplicemente dedicare un po' più di tempo a se stesso e non essere costantemente sotto l'influenza degli altri.

Anche lei si ritrova spesso ad aprire la sua galleria e a guardare le vecchie foto della sua relazione passata? Il consiglio è quello di stampare queste foto e metterle nella scatola con gli altri oggetti della sua memoria, per poi cancellarle dal cellulare, in modo da non continuare a perdersi nel passato.

5) <u>"Cura di sé"</u>

Ho volutamente messo questo punto tra virgolette per diverse ragioni: In primo luogo, perché il termine "cura di sé" ha assunto un certo sapore, soprattutto grazie ai social network. Se frequenta certi ambienti, probabilmente conoscerà il fatto che il termine è caratterizzato principalmente dall'influencer marketing e quindi ha davvero un solo scopo: Il consumo. Il più delle volte questo si riferisce ai prodotti di bellezza, sulla falsariga di "si faccia del bene acquistando questi cinque nuovi prodotti e inserendoli nella sua routine di cura della pelle". Non voglio essere così sprezzante e se qualcosa del genere la aiuta a sentirsi meglio, allora faccia pure! A questo punto è importante sottolineare che la "cura di sé" può essere completamente diversa e totalmente personalizzata.

Il motivo delle virgolette è che, ovviamente, dovrebbe sempre prendersi cura di sé e fare ciò che le fa bene, ma è particolarmente importante in questa fase. Ora che ha fatto qualche passo avanti e ha avuto la forza di separarsi da oggetti significativi che le fanno tornare in mente il suo ex partner, è ancora più importante che si prenda molto tempo per sé, per fare ciò che la fa stare bene. Lunghe passeggiate con della buona musica nelle orecchie, cucinare il suo piatto preferito o guardare la sua serie preferita: tutto ciò che si sente bene. La veda in questo modo: la passione e la cura che provava per il suo ex partner può ora essere investita completamente in se stesso.

6) <u>Rafforzare la fiducia in se stesso</u>
È normale che in questa fase si senta colpevole e quindi non amabile. Tuttavia, la sua autostima ne risente molto, ed è per questo che è importante che si renda conto di quanto segue: lei sta bene così com'è, indipendentemente da come si sente, da cosa sta andando male o da cosa l'ha portata alla situazione in cui si trova ora.

Scriva un elenco di tutte le cose che le piacciono di lei. Può trattarsi di aspetti esteriori, ma anche di tratti del carattere o di successi personali di cui è orgoglioso. Tenga presente che lei è preziosa e merita tutto ciò che desidera.

Può anche scrivere queste cose su piccoli pezzi di carta e posizionarli in luoghi visibili, per ricordarsi sempre di queste cose positive. Sarebbe addirittura meglio se desse un'occhiata agli appunti quando si alza al mattino e li interiorizzasse. Perché non ne attacca qualcuno allo specchio?

Un suggerimento molto simile potrebbe essere quello di creare una cosiddetta "vision board": stampi le immagini di cose che trova desiderabili nella sua vita e che vorrebbe realizzare in futuro, ad esempio una casa o un animale domestico, un percorso professionale specifico o immagini di luoghi in cui vorrebbe assolutamente viaggiare un giorno, e le unisca in un collage su una superficie grande (cartone o simile). Questa lavagna dei sogni dovrebbe motivarla a lavorare per raggiungere i suoi obiettivi, visualizzandoli. I suoi sogni sono qualcosa di molto individuale e lei merita di trasformarli in realtà.

7) <u>Distrazione</u>

Prendersi del tempo per se stessi è molto importante, ma è altrettanto importante in questa fase uscire e pensare ad altre cose. Chiami la sua migliore amica e faccia qualcosa che magari non fate più da tempo, ma che facevate spesso insieme. Andare a fare shopping insieme e cucinare qualcosa di gustoso o prendere una coperta e organizzare un picnic, fare un giro in bicicletta, andare al cinema, fare sport insieme, essere creativi e dipingere un quadro insieme - qualunque cosa sia, vale lo stesso discorso: faccia ciò che si sente di fare e che le piace fare.

Naturalmente, non deve essere il suo migliore amico, ma solo una o più persone con cui si sente a suo agio e che sono consapevoli della sua situazione.

Se non si sente bene durante un'attività, il che è perfettamente accettabile, dovrebbe essere in grado di comunicare apertamente con le persone che la circondano, senza dover fingere.

8) <u>Provi qualcosa di nuovo</u>
Una separazione è sempre un punto di svolta importante e probabilmente cambia la sua intera situazione di vita. Perché non esce dalla sua zona di comfort e cambia qualcosa di sé? Forse è da un po' di tempo che sta pensando di farsi un nuovo taglio di capelli - se è così, le dico che questo è il momento perfetto per questo cambiamento! Oppure faccia un giro di shopping e faccia scorta di nuovi

capi di abbigliamento o accessori che forse non corrispondono al suo stile attuale.

Tuttavia, "provare cose nuove" non deve riguardare solo le apparenze. Cerchi di trovare un nuovo posto nel suo ambiente, provi nuovi hobby che prima pensava non facessero per lei. Oltre all'effetto positivo di riscoprire se stesso, provare nuovi hobby la aiuterà anche a conoscere molte nuove persone e chissà quali nuove amicizie potrebbe sviluppare?

Conoscere nuove persone diverse la aiuterà anche a capire meglio se stesso. Si renderà conto di quale tipo di persona, compresi i suoi valori, le si addice di più e con chi va più d'accordo.

Quindi può trarre beneficio solo uscendo dal mondo. Per una rottura completa con il suo vecchio ambiente, vale la pena di valutare se non sia il caso di cercare un nuovo posto dove vivere, preferibilmente in un quartiere completamente diverso. A questo punto, vale la pena portare l'esempio della mia migliore amica, che ha sofferto a lungo di cuore e ha finito per trasferirsi in una nuova città che era ancora completamente sconosciuta per lei. Questo cambiamento di luogo ha contribuito notevolmente al suo miglioramento mentale.

Un altro aspetto che vorrei raccomandarle in questo contesto di reinvenzione è la creatività. Questo potrebbe non essere per tutti, ma come già detto, un gran numero di canzoni, opere d'arte o opere letterarie famose in tutto il mondo sono state create dall'elaborazione del mal di cuore del rispettivo artista - il cliché dell'artista sofferente ha effettivamente radici vere, perché come ha riconosciuto una volta il pubblicitario Roger Willemsen: "Il mal d'amore è il sentimento più forte di tutti. Persino più forte dell'amore stesso".[4]

Per fare uno dei tanti esempi: Un libro che viene spesso collegato a questo tema è "I dolori del giovane Werther" di Goethe, in cui il protagonista Werther muore a causa di una relazione amorosa fallita. Ci sono molti collegamenti all'autobiografia di Goethe, il che rende molto probabile che Goethe abbia attraversato un processo per venire a patti con la sua vita scrivendo quest'opera.

---

[4] https://www.femelle.ch/love/wie-sie-liebeskummer-positiv-nutzen-76

Forse anche questo potrebbe aiutarla: Scrivere la sua situazione da una prospettiva diversa. Potrebbe riuscire a togliersi gli occhiali rosa e a vedere la situazione sotto una luce più riflessiva.

Se la scrittura non fa per lei, perché non provare a dare libero sfogo alla sua creatività e ad esprimere i suoi sentimenti in un modo diverso, che sia sotto forma di un quadro dipinto da lei stesso o di un collage di immagini stampate che riflettono il suo stato emotivo. Anche in questo caso c'è un ampio margine di manovra, ad esempio può utilizzare gli acquerelli o dipingere con gli acrilici su una tela - non ci sono limiti alla sua creatività, basta provare!

9) <u>Consentire nuove prospettive</u>

Questo punto può anche essere strettamente collegato al precedente; potrebbe essere interpretato come "provare mentalmente qualcosa di nuovo". Tuttavia, sto deliberatamente aggiungendo questo punto alla fine del precedente e quindi differenziandolo, poiché ci vuole un po' di tempo per consentire nuove prospettive. È più facile provare nuovi hobby che adottare nuove prospettive e modelli di pensiero. Vorrei sottolineare che è importante non isolarsi in futuro, nonostante la delusione e il dolore schiacciante che ha provato.

Potrebbe sembrare un po' banale a prima vista e non riuscire a comunicare con lei, ma la guardi in questo modo: non è molto più bello sentire che nascondersi e trincerarsi? Essere in grado di sentire così tanto per una persona, di amarla?

Mi permetta di dirle che è normale pensare che non sarà mai in grado di superare il dolore. Tuttavia, dopo aver seguito questi consigli, dovrebbe trovare più facile guardare positivamente al futuro e aprirsi a nuove prospettive.

Dopo questi primi consigli, vorrei fare una breve pausa e consigliarle di seguire questi consigli con consapevolezza. È importante che si senta bene in tutto ciò che fa. Inoltre, anche se il detto "il tempo guarisce tutte le ferite" non è esattamente il consiglio più popolare che si vuole sentire in questa fase, è davvero importante prendersi il tempo necessario. Dovrebbe fare attenzione a non affrettarsi a fare qualcosa di nuovo troppo velocemente. Non importa se si tratta di una nuova persona nella sua vita o se sta cercando di intraprendere il maggior numero possibile di nuovi progetti professionali: la distrazione è positiva, ma la soppressione no, perché il dolore purtroppo la raggiungerà prima o poi, e sopprimerlo può ritardarlo, ma non lo renderà meno doloroso. Al contrario, spesso soffrirà ancora di più reprimendolo.

Tra l'altro, il paragone fatto tra le persone che soffrono per il dolore di una rottura e quelle che attraversano l'astinenza da droga chiarisce che solo una rottura assoluta con l'ex partner aiuterà ad avvicinarsi alla soluzione del problema. Ogni ricaduta danneggia il processo di avanzamento e di superamento. Questo significa: non guardi le vecchie foto, non pedini gli account dei social media del suo ex partner e soprattutto: nessun contatto. Eviti la droga.

COSA DICE LA MEDICINA?

Dato che il dolore psicologico e fisico vengono elaborati nelle stesse regioni del cervello, gli studi hanno dimostrato che gli antidolorifici per i disturbi fisici, come il paracetamolo o l'ibuprofene, possono anche alleviare il mal di cuore. Tuttavia, questa assunzione deve essere affrontata con cautela, in quanto l'assunzione troppo frequente di antidolorifici può indebolire il loro effetto e portare anche ad altri problemi di salute.

Mangiare è un'altra cosa che allevia il dolore solo a breve termine. Il cliché di divorare montagne di cioccolato e gelato quando si soffre di mal d'amore ha una base reale: è stato dimostrato che mangiare può abbassare la concentrazione dell'ormone dello stress, il cortisolo. Tuttavia, non deve considerarla una terapia a lungo termine, perché può trasformarsi rapidamente in un processo di "emotional eating" o "stress eating", che le dà una sensazione positiva solo per un breve periodo. Il mangiare serve poi come meccanismo di compensazione per le emozioni negative e positive. A lungo termine, questo danneggia la sensazione di fame e sazietà, in quanto le persone mangiano senza sentirsi fisicamente affamate, poiché si tratta più di una "fame mentale". Le persone di solito mangiano porzioni molto grandi e tendono a mangiare cibi poco sani.

L'alimentazione emotiva ha un background evolutivo: in situazioni di stress, ad esempio quando si insegue un animale, le persone si affidavano a un'azione rapida. L'obiettivo era quello di accumulare quanto più cibo possibile per resistere a lungo.

Cosa fare se soffre di alimentazione emotiva?

<u>Consigli contro l'alimentazione emotiva</u>
La prossima volta che sente l'impulso di cercare il cibo in un momento particolarmente stressante o emotivo, si fermi un attimo e cerchi di adottare un approccio riflessivo.

Si ponga le seguenti domande:
➢ Perché sto cercando il cibo in questo momento?
➢ Sento davvero la fame fisica o è il subconscio che cerca di compensare qualcosa?
➢ Qual è la causa scatenante del mio problema attuale?
➢ Cosa posso fare per me stesso in questo momento per sentirmi davvero meglio?

Se ha scoperto che in quel momento non ha fisicamente fame, il cibo non può essere la soluzione ai suoi problemi.

D'altra parte, un concetto a lungo termine raccomandato dai medici per combattere il mal d'amore è lo sport - preferibilmente praticato

all'aria aperta. È persino un rimedio scientificamente provato che può alleviare la depressione e
l'ansia. Se non riesce ancora a farlo, chieda a un
amico se vuole unirsi a lei - la motivazione re-
ciproca può fare miracoli - o in alternativa faccia
prima una lunga passeggiata. L'esercizio fisico au-
menta i livelli di serotonina e rilascia gli ormoni
della felicità.

COSA FARE PER I DISTURBI FI-SICI?

Ora passiamo ai consigli che vorrei darle per combattere gli spiacevoli effetti collaterali fisici del dolore della separazione.

1) Disturbi del sonno

Un sintomo in particolare può avere un grande impatto sul nostro benessere: l'insonnia. Un sonno
sufficiente e di buona qualità è estremamente importante per funzionare durante il giorno. Se dor-
miamo troppo poco a lungo termine, questo ha
conseguenze di vasta portata su molte aree della
nostra vita.

Quindi, cosa si può fare per i disturbi del sonno causati dal mal d'amore?

➤ *Ambiente*

Prima di iniziare con i consigli pratici veri e propri, dovrebbe organizzare il suo ambiente in modo che le offra le condizioni ottimali per un buon sonno ristoratore, perché come sappiamo, il nostro ambiente ha un impatto sul nostro benessere interiore. Si assicuri che la sua camera da letto sia ben ventilata durante il giorno, per garantire una quantità sufficiente di ossigeno. Anche l'ambiente circostante dovrebbe essere il più ordinato possibile, perché in questo modo ci sentiamo meglio dentro rispetto a quando cerchiamo di addormentarci in un ambiente caotico.

Se può, oscuri la sua stanza il più possibile. L'oscurità rilascia l'ormone del sonno, la melatonina, che la rende stanca. Se vive in un ambiente rumoroso, come ad esempio vicino alla strada, è consigliabile procurarsi dei tappi per le orecchie, in modo da poter riposare al meglio.

➢ *Rituale della buonanotte*

Per riuscire ad addormentarsi meglio, è consigliabile stabilire un rituale prima di andare a letto. Può trattarsi di una tazza di tè o di un bagno rilassante, della lettura di alcune pagine prima di andare a letto o di una sessione di yoga, l'importante è creare una routine ricorrente. In questo modo è più facile per il corpo calmarsi e, una volta abituato, segnala al corpo che è arrivato il momento di dormire. La monotonia rilassa.

➢ *Creare una routine*

Questo punto si collega al precedente: Una routine quotidiana regolare è importante quanto una routine di sonno regolare. Ciò significa: eviti i "pisolini energetici", ossia brevi riposini intermedi, anche se promettono di rienergizzarla. Spesso le persone si dicono che si sdraieranno solo per qualche minuto e poi succede: si svegliano di nuovo solo qualche ora dopo, il che logicamente rende difficile riaddormentarsi di notte. Cerchi di prendere l'abitudine di alzarsi alla stessa ora ogni giorno e di andare a letto alla stessa ora.

> *Evitare la tensione*

Poco prima di andare a letto, dovrebbe evitare le cose snervanti, per ottenere il miglior rilassamento possibile. Non è quindi consigliabile guardare un altro film horror, anche se questo è uno dei suoi generi preferiti. Anche per quanto riguarda la lettura, è meglio leggere libri più rilassati e leggeri, che non la lascino così affascinato da rimanere sveglio per metà della notte a scervellarsi. Dovrebbe anche evitare di ascoltare musica ad alto volume, optando per suoni più tranquilli o forse semplicemente creando una playlist per il sonno o il relax!

Molto importante: niente internet prima di andare a letto! Da un lato, i dispositivi tecnici come gli smartphone emettono luce blu, che ha l'effetto di ridurre il rilascio di melatonina, e dall'altro, senza dubbio conoscerà il problema: vuole solo rispondere ai suoi amici e mezz'ora dopo si ritrova su qualche social network - nel peggiore dei casi anche sul profilo del suo ex partner. Naturalmente, questo non fa altro che aumentare lo stress e impedirle di dormire.

➢ *La regola dei 30 minuti*

Questa regola stabilisce che non deve rimanere a letto senza dormire per più di 30 minuti. Si alzi e faccia qualcos'altro, ma si assicuri di fare qualcosa di rilassante che la aiuti a calmarsi. Ad esempio, vada in cucina e si prepari una tazza di tè o prenda un po' d'aria fresca.

Dovrebbe anche evitare di guardare l'orologio in preda al panico, che spesso porta a calcolare le ore di sonno rimanenti. Questo la mette ancora più sotto pressione e le impedisce di addormentarsi ancora di più, invece di portarle qualcosa di positivo.

➢ *Esercizi di rilassamento*

Gli esercizi di rilassamento, come lo yoga o la meditazione, possono essere eseguiti sia durante la fase in cui non si addormenta, sia prima. Questi aiutano a rilassare i muscoli e ad armonizzare il corpo e la mente. Rafforzano la fiducia in se stessi, ma aiutano anche ad addormentarsi. È meglio navigare in internet per trovare gli esercizi più adatti a lei.

➢ *Aiuta il sonno attraverso i suoni*

Anche se dovrebbe evitare di usare lo smartphone prima di andare a letto, se proprio non riesce ad addormentarsi, può anche provare degli audio giochi o delle meditazioni guidate per il sonno. Per alcune persone, non è utile rimanere da soli con i propri pensieri in completo silenzio, ma ascoltare qualcosa. Il mio consiglio personale: ci sono canzoni su YouTube che sono accompagnate dal suono della pioggia, che ha un effetto rilassante. Provi un po' anche in questo caso, alcune persone trovano più facile addormentarsi con la pioggia o altri suoni della natura, ad esempio, mentre altre preferiscono la musica calma e classica.

➢ *Aiuti naturali per il sonno*

Le sconsiglio deliberatamente di assumere sonniferi, in quanto spesso la fanno sentire molto stanca il giorno dopo e questo non aiuta esattamente a migliorare il suo benessere, e la aiutano solo ad addormentarsi e non a raggiungere la fase di sonno profondo e quindi la fase veramente riposante. Tuttavia, se ha la sensazione che nulla stia funzionando per lei e ha urgente bisogno di dormire di nuovo a sufficienza, parli con un medico prima di assumere determinati sonniferi.

Una soluzione migliore, tuttavia, sono gli aiuti naturali per il sonno, come la valeriana. L'erba è nota per il suo utilizzo contro i disturbi del sonno di ogni tipo ed è particolarmente indicata per i problemi di addormentamento. Posso consigliare una tazza di tè alla valeriana la sera - si è visto che fa effetto dopo circa un'ora. Il momento migliore per berlo è intorno alle 21.00, perché in questo modo il suo corpo ha il tempo sufficiente per calmarsi. Naturalmente, può decidere da solo quale sia l'orario più adatto a lei. Ma abbia pazienza: a volte il corpo si adatta solo dopo alcuni giorni e il tè mostra un effetto solo a quel punto. Anche in questo caso, la chiave è l'assunzione regolare. Si consiglia anche di fare un bagno di valeriana. Basta far bollire 100 ml di olio di radice di valeriana in 2 litri d'acqua e poi aggiungerlo all'acqua del bagno.

Altre erbe naturali che hanno un effetto rilassante e aiutano ad addormentarsi sono la lavanda e la melissa. La lavanda, in particolare, ha un effetto molto calmante e ansiolitico - dovrebbe assolutamente provarla. Se la lavanda non è di stagione, può anche provare l'olio di lavanda in una lampada profumata o semplicemente posizionare un bouquet essiccato nella sua camera da letto. Può anche acquistare un cuscino alle erbe, idealmente con un profumo di lavanda, ovviamente.

Molte persone giurano anche sul latte caldo con miele prima di andare a letto, che può anche incorporare nel suo rituale della buonanotte. Non solo questa bevanda è particolarmente deliziosa se aggiunge ¼ di baccello di vaniglia, ma la vaniglia ha anche un effetto positivo contro l'insonnia.

➢ *Gli alimenti che favoriscono il sonno*
Naturalmente, ci sono anche alcuni alimenti che inducono stanchezza e sono quindi consigliati per la cena o come spuntino prima di andare a letto. Vari tipi di lattuga, come la cicoria, la romana, il radicchio o l'indivia, aiutano a smorzare l'eccitazione e a ridurre lo stress, grazie alle sostanze amare che contengono. Perché non mangiare un'insalata fruttata la sera? Meglio aggiungere molta uva rossa: è un modo naturale per fornire al corpo l'ormone del sonno, la melatonina. È stato dimostrato che solo 300 g di uva rossa hanno un effetto positivo sul processo di addormentamento. Può anche

concedersi un bicchiere di vino rosso di tanto in tanto senza sentirsi in colpa, perché contiene anche un'alta percentuale di melatonina. Le banane sono un ottimo spuntino dopo cena, in quanto favoriscono la produzione di melatonina e serotonina e quindi hanno un effetto generalmente positivo sul nostro benessere. Anche molti tipi di frutta secca sono noti per favorire il sonno, come gli anacardi, le noci e le mandorle.

➤ *Alimentazione sana*

Oltre ai cibi che favoriscono il sonno, un'alimentazione sana è la base per un sonno riposante e un senso di benessere generale. La sera, inoltre, dovrebbe concentrarsi su alimenti facilmente digeribili, come insalata e verdure. Gli alimenti difficili da digerire e che contengono elevate quantità di carboidrati e grassi dovrebbero quindi essere evitati la sera, soprattutto due ore prima di andare a letto. Dovrebbe anche stare lontano da alcol, nicotina e caffeina, soprattutto nel tardo pomeriggio/sera. Nella sezione seguente, approfondirò gli alimenti che non solo sono buoni per l'insonnia, ma anche per il mal di cuore.

2) Cambiamenti nel comportamento alimentare

Come già sappiamo, il crepacuore ha un effetto sull'appetito: molte persone soffrono di inappetenza e difficilmente riescono a mangiare un boccone, mentre altre devono fare i conti con l'esatto contrario, dovendo riempire un vuoto in se stessi con il cibo.

Una dieta sana come elemento di base è molto importante, soprattutto nella sua attuale situazione di vita. Ora vorrei parlarle di alcuni alimenti che hanno un effetto positivo sul suo stato d'animo generale e possono aiutarla a superare il mal di cuore.

Gli aminoacidi sono molto importanti per i nervi. Si trovano principalmente nei latticini, nelle uova, nei cereali integrali, nel pesce e nel pollame. È particolarmente importante consumare l'aminoacido *triptofano,* che favorisce la produzione di serotonina. Lo può trovare, ad esempio, in avocado, formaggio, noci, pomodori e banane. Altre fonti importanti dell'ormone della felicità, la *serotonina*, sono l'ananas e i datteri secchi. Il minerale *magnesio, che si trova* nei prodotti integrali, nelle banane, nel pollame, nelle verdure e nei latticini, è essenziale per alleviare lo stress e quindi per lei. Anche la **vitamina B**, che si trova principalmente nel riso integrale, nei latticini, nelle uova, nella carne e nei cereali integrali, è utile per i nervi, così come la *lecitina,* che si può ottenere da piselli, noci, prodotti di soia, latticello e mais. Gli alimenti piccanti, come il peperoncino rosso, contengono *capsaicina* che, quando viene ingerita, segnala il dolore al cervello a causa della sua piccantezza. In risposta al dolore, il corpo rilascia endorfine, che aiutano a migliorare l'umore.

In conclusione, è ovviamente importante assicurarsi di bere abbastanza acqua (circa 1,5 litri al giorno) in ogni situazione. Le consiglio anche di assumere capsule di iperico, che può acquistare in farmacia. L'erba di San Giovanni aiuta a migliorare l'umore, a ridurre l'irrequietezza interiore e, secondo alcuni, è anche un antidepressivo naturale.

3) Attacchi di panico

Se soffre di attacchi di panico ricorrenti dovuti al dolore della separazione, le consiglio innanzitutto di rivolgersi a un medico, che sarà in grado di avere un quadro più preciso della sua situazione e quindi di darle consigli professionali e specifici. Tuttavia, ci sono anche alcuni consigli che può seguire da sola nella situazione acuta di un attacco di panico.

> *Accettazione della paura*

Se già avverte lievi segni di panico emergente e forti sensazioni di ansia, accetti queste sensazioni e accetti di poter sviluppare un attacco di panico. Anche in questo caso, la soppressione non è una soluzione al problema; nella maggior parte dei casi, la portata dell'attacco di panico non farà che peggiorare. Si renda conto che potrebbe aver già provato queste sensazioni in passato e che si sentirà di nuovo meglio.

> *Controllare la respirazione*

Come già descritto, gli attacchi di panico sono spesso accompagnati da respiro affannoso, motivo per cui questo consiglio riguarderà la respirazione. Provi a sedersi in posizione eretta e a fare respiri lunghi e consapevoli. Se non è in grado di farlo e la sua respirazione minaccia di peggiorare, prenda un sacchetto e lo stampi a forma di imbuto, in modo da potervi respirare dentro. Questo consiglio è principalmente una misura precauzionale, in quanto non sarà necessariamente possibile trovare un sacchetto in una situazione acuta. Le consiglio quindi di tenere una pila di sacchetti in un luogo in cui possa accedervi rapidamente in caso di emergenza, ad esempio nella sua borsetta o sul comodino. I piccoli sacchetti di carta per il pane sono particolarmente adatti per questo suggerimento.

Consiglio questo esercizio di respirazione in tre fasi:

1) Inspiri profondamente per sette secondi, attraverso il naso e lo stomaco.

2) Ora trattenga il respiro per altri sette secondi.

3) Ora deve anche espirare attraverso la bocca per sette secondi, spingendo l'aria fuori dallo stomaco. Questa è anche la fase cruciale dell'esercizio, in quanto aiuta a bilanciare i bassi livelli di anidride carbonica nel sangue causati dall'iperventilazione.

➢ _Affinare la percezione_

Cerchi di analizzare l'ambiente circostante nei dettagli per distrarsi dall'ansia. Indirizzi la sua concentrazione sulle cose che la circondano, per tornare al qui e ora. Ho anche un altro esercizio per lei, basato sul "principio dei cinque sensi":

1. Inizi a visualizzare cinque cose nel suo ambiente che può **vedere.**

2. Ora può abbassare un dito della mano e trovare quattro cose che può **sentire** e farle.

3. Continui con tre cose che riesce a **sentire**; ascolti consapevolmente ciascuna di esse a turno per un momento.

4. In questa fase, visualizzi due cose che può **annusare.** Se al momento non si trova in un ambiente in cui sono presenti odori diversi, ricordi due profumi specifici che le piacciono e cerchi di ricordarli nel modo più accurato possibile.

5. L'ultimo punto è diventare consapevoli di un'emozione che si sta **provando**.

A proposito: anche la mia migliore amica ha sofferto di attacchi di panico indotti dal mal d'amore dopo la sua ultima rottura, ed è per questo che mi ha raccomandato tanto questo consiglio, che ha fatto miracoli per lei.

> ## *Musica rilassante*

Il fatto di avere sempre lo smartphone a portata di mano al giorno d'oggi può avere alcuni svantaggi, ma in caso di attacco di panico, è utile perché può accedere facilmente alla musica. Si ricordi quindi di mettere in valigia le cuffie quando esce di casa.

> ## *Movimento*

Gli attacchi di panico sono stati in cui si accumula molta energia. Per liberare questa energia e quindi ridurre lo stress, le consigliamo di fare movimenti vigorosi come i jumping jack o gli squat. Se si trova in pubblico, provi a stringere i pugni e a contare da uno a cinque. Poi rilasci la tensione e si concentri consapevolmente sul rilassamento. Ripeta questo esercizio tutte le volte che vuole, finché non sente di aver raggiunto uno stato di miglioramento.

> *Rinfresco*

Se ha accesso a un lavandino nelle vicinanze, beva un sorso di acqua fresca per rallentare la respirazione. Sarebbe ideale anche spruzzare un po' d'acqua sul viso o farla scorrere sugli avambracci. Tuttavia, si consiglia di bere acqua più calda, che rallenta il battito cardiaco.

> *Resistere al riflesso di fuga*

Questo consiglio non sarà facile, ma cerchi di rimanere dove si trova. Piantate i piedi a terra, percepite la superficie su cui siete in piedi o seduti in quel momento. Si tratta di radicarsi e di concentrarsi sull'ambiente circostante. Cerchi di sopportare la situazione pur essendo consapevole che potrebbe andarsene in qualsiasi momento.

E cosa succede ora?

Siamo giunti alla fine dei miei consigli per lei, ma vorrei comunque farle un breve riassunto di ciò che può trarre da questa fase della sua vita e di come può guardare nuovamente al futuro con pensieri positivi.

Se al momento si trova ancora in una delle fasi peggiori del dolore del cuore e non riesce a vedere una via d'uscita, pensi al momento in cui, tra qualche settimana o mese, si sentirà di nuovo meglio - sarà orgoglioso di se stesso per non essersi arreso.

Uscirà da questa fase più forte e si renderà conto di quanto è effettivamente capace di fare. Se si guarda indietro, vedrà che questo periodo ha contribuito enormemente al suo sviluppo personale, perché come ora sappiamo, il crepacuore è considerato un disturbo dell'adattamento e superarlo, uscire dalla sua zona di comfort e costruire una nuova vita richiede un grado estremamente elevato di coraggio e di superamento.

Ora che ha trascorso tanto tempo con se stesso e ha investito in se stesso, si lascerà alle spalle questa fase con una maggiore fiducia in se stesso. Potrebbe persino essere sorpreso da ciò che non sapeva di sé, da quali sport le piacciono o dal fatto che ha un talento artistico nascosto.

Inoltre, anche altre persone possono beneficiare del suo sviluppo: Ciò che trarrà da questa fase di dolore al cuore è l'empatia. La prossima volta che incontrerà qualcuno che soffre di un forte dolore al cuore, potrà sicuramente dargli qualche consiglio utile e parlargliene. Troppo spesso, le persone non prendono la loro sofferenza sul serio come dovrebbero, il che non fa che abbatterle ancora di più. E allora è ancora più bello incontrare una persona come lei, che può capire il suo dolore sulla base di un'esperienza personale e non cerca di minimizzare.

Avrà anche acquisito una grande consapevolezza di come vuole organizzare le sue relazioni in futuro, grazie a un'intensa riflessione e alla gestione della rottura. Quali qualità del suo partner sono davvero importanti per lei e cosa non riesce a conciliare con se stesso e con i suoi valori? Anche conoscere nuove persone diverse la aiuterà a rispondere meglio a queste domande. Soprattutto, è importante non agire frettolosamente e non avere fretta. Tuttavia, potrebbe anche decidere di non voler intraprendere una nuova relazione per il momento, ma di voler fare nuove esperienze.

In conclusione, vorrei lasciarle il messaggio che, per quanto sarebbe bello, non esiste una cura miracolosa per il suo dolore. Il tempo e la distanza dal suo ex partner sono i fattori decisivi. E naturalmente, soprattutto, non arrendersi, non reprimere il dolore e prendersi cura di se stessi, con un rapporto sano con il suo ambiente, è di grande valore.

Le auguro sinceramente tutto il meglio per il futuro e, naturalmente, che questa guida possa aiutarla nel processo di guarigione!

9 798822 416349